*Andreas Straubinger*

# Putin ist schuld!

## *Einseitige Zitate*

## *gegen die Einseitigkeit*

Putin ist schuld!

Einseitige Zitate gegen die Einseitigkeit

© 2024 Andreas Straubinger

ISBN: 978-3-910667-08-2

Texianer Verlag
Tuningen
Germany
www.texianer.com

Umschlag: Putin making an address to the Russian people regarding Yevgeny Prigozhin's private military company Wagner Group rebellion on 24 June 2023. By Kremlin.ru, CC BY 4.0, https://commons.wikimedia.org/w/index.php?curid=133517736

Liebe Freunde

Die gesinnungsethische Ablehnung oder die verantwortungsethische Befürwortung von Waffenlieferungen an die Ukraine ist das Spannungsfeld, in dem wir uns befinden. Als Pazifisten sind wir in dieser Fragestellung unterschiedlicher Meinung. Während unserer mehrtägigen Versammlung ringen wir miteinander im Bemühen um gegenseitiges Verstehen.

Etwas Unausgesprochenes liegt hinter unserer Fragestellung: nämlich die Annahme, dass die Ukraine das Opfer und Russland der Täter sei.

So ist auch die Grundannahme in großen Teilen der Friedensbewegung. Ich war dieses Jahr Teilnehmer eines Ostermarschs am Bodensee. An dessen Ende war eine Podiumsdiskussion angekündigt, bei der verschiedene Positionen innerhalb der Friedensbewegung miteinander diskutieren sollten. Doch dieser Ankündigung folgte keine echte Auseinandersetzung. Alle drei Diskutanten waren sich in der Annahme einig, dass Putin schuld sei. Mit einem solch simplen Schwarz-Weiß-Denken ist die Friedensbewegung m. E. ein Teil des Problems, ein Teil des Systems. Wie sagte doch der emeritierte Professor für Linguistik am Massachusetts Institute of Technology Noam Chomsky[a]:

*Der schlaueste Weg, Menschen passiv und gehorsam zu halten, ist, das Spektrum an akzeptablen Meinungen streng zu beschränken, aber eine sehr lebhafte Debatte innerhalb dieses Spektrums zu ermöglichen.*

In meiner Lesung hinterfrage ich dieses vorgegebene Spektrum mit Hilfe exemplarischer Zitate. *Audiatur et altera pars.*

Betrachten wir nun also die umgedrehte Perspektive, nämlich jene von Vladimir Putin. Hat er dem Westen und insbesondere Deutschland nicht mehrmals die Hand zur friedlichen Kooperation hingehalten? Haben die NATO, die USA, die EU oder zumindest Deutschland diese historischen Chancen ergriffen, um eine langfristige konkrete Friedensordnung herzustellen?

Von ebenfalls entscheidender Bedeutung war für Vladimir Putin die NATO-Osterweiterung. Bis kurz vor Kriegsbeginn wiederholte er seine Ablehnung. Hat der Westen daraufhin sein Verhalten geändert?

Beide genannten Fragen sind natürlich rein rhetorisch. Es gäbe soviel zu sagen.

Es ist wahrlich ein weites Feld, um mit Günther Grass zu sprechen. Ich erlaube mir, mich in der nächsten halben Stunde lediglich auf eine minimale Anzahl von ausgewählten Zitaten zu beschränken.

Betrachten wir zunächst 2014. Der damalige ukrainische Präsident Viktor Janukowitsch lehnte zweimal das Assoziierungsabkommen mit der EU ab. Dies führte zur zweiten orangenen Revolution auf dem Maidan-Platz in Kiew und letztendlich zu seinem Sturz. Nikolai Asarow, ukrainischer Ministerpräsident von 2010 bis 2014, beschrieb zwei Jahre später in einem Interview, wie hinter den Kulissen die Fäden gezogen wurden[b]:

*Außerdem hat unser Geheimdienst mir jeden Tag berichtet, dass die Führer des Maidan ständig zu Konsultationen in der amerikanischen Botschaft waren. Das ist im Prinzip auch offen zugegeben worden und hat auch Obama bestätigt. (...) völlig offensichtlich, dass es keine Revolution war, sondern ein Staatsstreich.*

2015 prophezeite Stephen F. Cohen, ein emeritierter Professor für Russische Studien an der Princeton und New York University, dass die Eskalation gefährlicher als im Kalten Krieg werde, weil der Westen keine roten Linien des Feindes mehr anerkenne[c]:

*Putin sagt: Ihr überschreitet unsere rote Linie. Washington kontert: Es gibt keine rote Linie. Nur wir haben rote Linien, ihr habt keine: Ihr könnt keine Militärstützpunkte in Kanada oder Mexiko haben. Wir aber können Stützpunkte an eueren Grenzen haben, soviel wir wollen.*

So zum Beispiel G. W. Bush. Im April 2008 lud er die Ukraine in die NATO ein. Er ignorierte damit das vertrauliche Telegramm von William J. Burns, der von 2005-2008 US-Botschafter in Russland war und aktuell CIA-Direktor ist[d]:

*NATO enlargement, particularly to Ukraine, remains "an emotional and neuralgic" issue for Russia (...) not only touch a raw nerve in Russia, they engender serious concerns about the consequences for stability in the region. Not only does Russia perceive encirclement, and efforts to undermine Russia's influence in the region, but it also fears unpredictable and uncontrolled consequences which would seriously affect Russian security interests.*

Trotz vieler Warnungen ließ die USA nicht von ihrem Ziel ab, die Ukraine zum Beitritt in die NATO zu bewegen. Die Folgen waren vorhersehbar. So prophezeite Oleksiy Arestovych, einer der Berater von Wolodymyr Selenskyj 2019,[e]

*„the price for our entry into NATO is a major war with Russia."*

Eigentlich ist die NATO schon in der Ukraine aktiv. In den westlichen Massenmedien - den Medien für die Massen - wurde und wird kaum berichtet, in welchem Ausmaß die NATO bereits in der Ukraine operiert. Eine Ausnahme sind die beiden Investigativjournalisten Adam Entous und Michael Schwirtz mit ihrem aufwändig recherchierten Artikel in der New York Times im Februar 2024[f]:

*in the Ukrainian forest (…) a C.I.A.-supported network of spy bases constructed in the past eight years that includes 12 secret locations along the Russian border.*

Natürlich ist der Ukraine-Krieg gemäß UN-Charta Art. 2, Abs. 4 völkerrechtswidrig. Das Androhen oder Anwenden von Gewalt gegen andere Staaten ist illegal. Doch wer hat diesen Krieg verursacht? Automatisch, wer den ersten Schuss abgibt? Ich antworte mit einem dem Schriftsteller Karl Kraus zugeschriebenen Zitat[g]:

*Wer einen Krieg provoziert, hat mehr Verantwortung als der, der ihn beginnt.*

Exakt in diesem Sinne formulierte der US-Historiker Benjamin Abelow[h]:

> *Die eigentliche Ursache des Krieges findet sich nicht in einem ungezügelten Expansionismus Putins oder in paranoiden Wahnvorstellungen der Militärstrategen im Kreml, sondern in einer dreissigjährigen Geschichte westlicher Provokationen gegen Russland*

Er zählte in seinem Buch "How the West Brought War to Ukraine" die wichtigsten Provokationen auf[i]:

- *Sie haben die NATO über tausend Meilen nach Osten ausgedehnt und sie unter Missachtung von Zusicherungen, die Moskau zuvor gegeben wurden, an die Grenzen Russlands gebracht.*

- *Sie haben den ABM-Vertrag (Anti-Ballistic Missile Treaty) einseitig gekündigt und antiballistische Trägersysteme in neu beigetretenen NATO-Staaten aufgestellt. Diese Trägersysteme können auch offensive Nuklearwaffen, wie z.B. atomar bestückte Tomahawk-Marschflugkörper, aufnehmen und auf Russland abfeuern.*

- *Sie haben dazu beigetragen, die Grundlagen für einen bewaffneten, rechtsextremen Staatsstreich in der Ukraine zu schaffen (…)*

- *Sie haben zahlreiche NATO-Manöver in der Nähe der russischen Grenze durchgeführt. Dazu gehörten beispielsweise Raketenübungen mit scharfen Schüssen, die*

*Angriffe auf Luftverteidigungssysteme innerhalb Russlands simulieren sollten.*

- *Sie haben ohne dringende strategische Notwendigkeit und unter Missachtung der großen Bedrohung, die ein solcher Schritt für Russland bedeuten würde, versprochen, die Ukraine werde NATO-Mitglied. Und die NATO hat sich dann geweigert, die Politik der „offenen NATO-Tür" (für die Ukraine, Red.) zurückzunehmen, selbst wenn dadurch ein Krieg hätte verhindert werden können.*

- *Sie haben sich einseitig aus dem INF-Vertrag (Intermediate Range Nuclear Forces) zurückgezogen, was die Verwundbarkeit Russlands durch einen Erstschlag der USA erhöht.*

- *Sie haben das ukrainischen Militär mit besserer Bewaffnung und mit Ausbildung gestärkt, basierend auf bilateralen Abkommen und regelmäßigen gemeinsamen militärischen Manövern innerhalb der Ukraine. Ziel war es, militärische Zusammenarbeit – die sogenannte Interoperabilität – auf NATO-Niveau herzustellen, und dies schon bevor einer offiziellen Aufnahme der Ukraine in die NATO.*

- *Sie haben die ukrainische Führung zu einer kompromisslosen Haltung gegenüber Russland gedrängt, was die Bedrohung für Russland weiter verschärft hat und die Ukraine in die Gefahr eines russischen militärischen Gegenschlages gebracht hat.*

Selbst Jens Stoltenberg, seines Zeichens aktueller NATO-Generalsekrätär, sieht seine eigene Organisation und damit sich selbst in der Verantwortung. Er bekannte im September 2023 vor EU-Ausschüssen[j]:

*The background was that President Putin declared in the autumn of 2021, and actually sent a draft treaty that they wanted NATO to sign, to promise no more NATO enlargement. That was what he sent us. And was a precondition for not invading Ukraine. Of course we didn't sign that.*

Gibt es noch weitere, tiefere Gründe für den Krieg? Auf jeden Fall sei der ehemalige US-Generalleutnant und aktuelle Sicherheitsberater von Donald Trump genannt. Keith Kellogg räumte am 28.02.23 vor dem Streitkräfte-Ausschuss des Senats offen ein, dass die Ukraine nur benutzt werde, um Russland ohne Verluste für die USA zu besiegen[k]:

*Wenn man einen strategischen Gegner besiegen kann und dabei keine US-Truppen einsetzt, ist man auf dem Gipfel der Professionalität, denn wenn man die Ukrainer siegen lässt, ist ein strategischer Gegner vom Tisch und wir können uns auf das konzentrieren, was wir gegen unseren Hauptgegner tun sollten, und das ist im Moment China...*

Die halbe Stunde ist sicherlich vorüber. Meine Lesung „Putin ist schuld!" beende ich mit den Worten des amerikanischen Politologen an der University of Chicago, John J. Mearsheimer[1]:

## Der Westen ist an diesem Krieg schuld.

*Ich danke Euch für Euer Mitdenken.*

a   Ulbricht, Mike: Volksverhetzung und das Prinzip der Meinungsfreiheit. C.F. Müller GmbH, 2017, S. 102 https://books.google.de/books?id=ndQnDwAAQBAJ&lpg=PA102&dq=schl

Original:

Noam Chomsky: The Common Good. Odonian Press, Distributed through Common Courage Press/LPC Group, 1998

b   Korinth, Stefan: Ohne Hilfe der USA hätte es keinen Staatsstreich gegeben. In: Telepolis https://www.telepolis.de/features/Ohne-Hilfe-der-USA-haette-es-keinen-Staatsstreich-gegeben-3492309.html?seite=all , 21.11.2016

c   Original:

Stephen F. Cohen: The Ukrainian Crisis - It's not All Putin's Fault. In: youtube-Kanal: Commonwealth Club of California https://www.youtube.com/watch?v=pUj3Vqptx8

d   Burns William J.: NYET MEANS NYET: RUSSIA'S NATO ENLARGEMENT REDLINES, vertrauliches Telegramm. In: Wikileaks https://wikileaks.org/plusd/cables/08MOSCOW265_a.html, 01.02.2008

e   Oleksiy Arestovych and his prediction of Russian aggression (2019) - EN subtitles. In: youtube-Kanal: RuCz Subs https://www.youtube.com/watch?v=DwcwGSFPqIo, 14.03.2022

f   Entous, Adam & Schwirtz, Michael: The Spy War: How the C.I.A. Secretly Helps Ukraine Fight Putin. In: New York Times https://www.nytimes.com/2024/02/25/world/europe/cia-ukraine-intelligence-russia-war.html, 25.02.2024

g   ChatGPT: „Das Zitat (...) wird oft Karl Kraus zugeschrieben, jedoch gibt es keine eindeutige Quelle dafür in seinen

Werken. Es könnte sein, dass es sich um eine Zusammenfassung oder Interpretation seiner Gedanken handelt, die im Laufe der Zeit populär geworden ist."

h  Abelow, Benjamin: Wie der Westen den Krieg in die Ukraine brachte. Die Rolle der USA und der NATO im Ukraine-Konflikt. Weltwoche Verlags AG, 2022, S. 8+9. https://weltwoche.ch/wp-content/uploads/wewo2022_43_UKRA-1.pdf

Original:

Abelow, Benjamin: How the West Brought War to Ukraine: Understanding How U.S. and NATO Policies Led to Crisis, War, and the Risk of Nuclear Catastrophe. Siland Press, 2022

i  a. a. O., S. 9

j  Stoltenberg, Jens: Opening remarks by NATO Secretary General Jens Stoltenberg at the joint meeting of the European Parliament's Committee on Foreign Affairs (AFET) and the Subcommittee on Security and Defence (SEDE) followed by an exchange of views with Members of the European Parliament, 07.09.2023. In: NATO-Homepage https://www.nato.int/cps/en/natohq/opinions_218172.htm?selectedLocale=en

k  Kellogg, Keith: Die Beseitigung eines Gegners ohne Einsatz von US-Truppen ist der Gipfel der Professionalität, 20.03.2023. In: Nachdenkseiten https://www.nachdenkseiten.de/?p=96102#h01

l  Marguier, Alexander: John Mearsheimer im Interview. „Der Westen ist an diesem Krieg schuld". In: Cicero https://www.cicero.de/aussenpolitik/john-mearsheimer-ukraine-krieg-eu-russland-ende-nato-schuld, 29.06.2022

www.ingramcontent.com/pod-product-compliance
Lightning Source LLC
LaVergne TN
LVHW032006070526
838202LV00058B/6326